35 Rezepte für Diabetiker:

Die Leckerste Art Gesund Zu Bleiben

Von

Joseph Correa

Zertifizierter Sport-Ernährungsberater

COPYRIGHT

© 2016 Finibi Inc

Alle Rechte vorbehalten

Die Vervielfältigung und Übersetzung von Teilen dieses Werkes, mit Ausnahme zum in Paragraph 107 oder 108 des United States Copyright Gesetzes von 1976 dargelegten Zwecke, ist ohne die Erlaubnis des Copyright-Inhabers gesetzeswidrig.

Diese Veröffentlichung dient dazu fehlerfreie und zuverlässige Informationen zu dem auf dem Cover abgedruckten Thema zu liefern. Es wird mit der Einstellung verkauft, dass weder der Autor noch der Herausgeber befähigt sind, medizinische Ratschläge zu erteilen. Wenn medizinischer Rat oder Beistand notwendig sind, konsultieren Sie einen Arzt. Dieses Buch ist als Ratgeber konzipiert und sollte in keinster Weise zum Nachteil Ihrer Gesundheit gereichen. Konsultieren Sie einen Arzt, bevor Sie mit diesem Ernährungsplan beginnen, um zu gewährleisten, dass er das Richtige für Sie ist.

DANKSAGUNG

Die Fertigstellung und den Erfolg dieses Buches wäre nicht möglich gewesen ohne die Motivation und die Unterstützung meiner gesamten Familie.

35 Rezepte für Diabetiker:

Die Leckerste Art Gesund Zu Bleiben

Von

Joseph Correa

Zertifizierter Sport-Ernährungsberater

INHALT

Copyright

Danksagung

Über den Autor

Einleitung

Was ist Diabetes?

Wie gehst du mit Diabetes um?

Was solltest du essen?

Kalender

35 Rezepte für Diabetiker: Die leckerste art gesund zu bleiben

Andere großartige Werke des Autors

ÜBER DEN AUTOR

Als zertifizierter Sport-Ernährungsberater, glaube ich wirklich an den positiven Effekt, den die richtige Ernährung über den Körper und die Seele haben kann. Mein Wissen und meine Erfahrung haben mir geholfen, über die Jahre hinweg gesünder zu leben. Dieses Wissen habe ich zudem mit meiner Familie und Freunden geteilt. Je mehr du über gesunden Essen und Trinken weißt, desto schneller wirst du dein Leben und deine Ess-Gewohnheiten ändern wollen.

Ernährung ist der Schlüssel im Prozess gesünder und länger zu leben. Starte also schon heute damit.

EINLEITUNG

35 Rezepte für Diabetiker: Die leckerste art gesund zu bleiben wird dir helfen, deinen hohen Blutzuckerspiegel unter Kontrolle zu halten. Sie ersetzen keine Mahlzeiten, aber können deine täglichen Mahlzeiten komplettieren.

Zu beschäftigt zu sein um richtig zu essen kann manchmal ein Problem werden. Darum wird das Buch dir Zeit sparen und deinen Körper ernähren, so dass du die Ziele erreichst, die du möchtest.

Das Buch wird dir helfen:

-hohe Blutzuckerspiegel unter Kontrolle zu halten.

-deinen Stoffwechsel zu verbessern.

-mehr Energie zu haben.

-dein Verdauungssystem verbessern.

Joseph Correa ist ein zertifizierter Sport-Ernährungsberater und ein Profi-Sportler.

WAS IST DIABETES?

Diabetes ist eine Stoffwechselkrankheit, bei der eine Person einen hohen Blutzuckerspiegel hat, was auch kurz als Blutzucker bezeichnet wird. Glucose ist eine der wichtigsten Substanzen, die Zellen nutzen um Energie zu produzieren. Damit aber Glucose in die Zellen eindringt, sind zwei Bedingungen erforderlich: die Zellen müssen „Türen" haben, die man Rezeptoren nennt, und ein Hormon, das sog. Insulin, muss vorhanden sein, um diese Rezeptoren „aufzuschließen". Ein Mangel an Rezeptoren oder Insulin führt zu einer Glucose-Ansammlung im Blut, was negative Folgen für deine Gesundheit hat.

Abhängig davon, welcher Teil des Mechanismus fehlerhaft ist, unterscheidet man 2 Typen von Diabetes. Typ 1 Diabetes kommt vor, wenn die Insulin produzierenden Zellen in der Bauchspeicheldrüse zerstört sind, was zu einem hohen Blutzucker führt. Typ 2 Diabetes kommt vor, wenn es genug Insulin gibt, aber nicht genug Rezeptoren in den Zellen, die Glucose einlassen. Das führt zum Anstieg des Blutzuckers.

WIE GEHT MAN MIT DIABETES UM?

Ein wichtiger Aspekt im Umgang mit dieser Krankheit ist eine gesunde und ausgeglichene Ernährung.

Der Blutzucker kann erfolgreich kontrolliert werden, indem man aufpasst, was und wie viel man isst und indem man ein optimales Gewicht beibehält.

Während Menschen mit Typ 1 Diabetes Insulin brachen, kann bei früh diagnostizierten Fällen von Typ 2 Diabetes Änderungen der Ernährung und des Lebensstils den Blutzuckerspiegel regulieren. Das funktioniert so gut, dass eine Behandlung mit Medikamenten nicht erforderlich ist.

Lass uns also schauen, welche Ernährungs-Regel du befolgen solltest:

1. Variiere dein Essen. Alle Essensgruppen sollten in deinem gesunden Ernährungsplan integriert sein.
2. Iss die Menge an Essen, die dein Körper benötigt. Dies betrifft sowohl Unter- als auch Überernährung mit besonderem Focus auf dem Letzten, da eine Gewichtszunahme ernstzunehmender bei Diabetikern.
3. Iss jede Menge Gemüse, Getreide und Früchte. Pflanzen sind reich an Mineralien und Vitaminen und cholesterinfrei.

4. Achte bei deiner Ernährung darauf, wenig gesättigte Fette und Cholesterol zu essen.
5. Nimm Essen und Getränke wie z.B. Süßigkeiten, Desserts, Soda und Alkohol nur in Maßen zu dir. (oder besser noch: halte dich komplett von ihnen fern)

WAS SOLLTEST DU ESSEN?

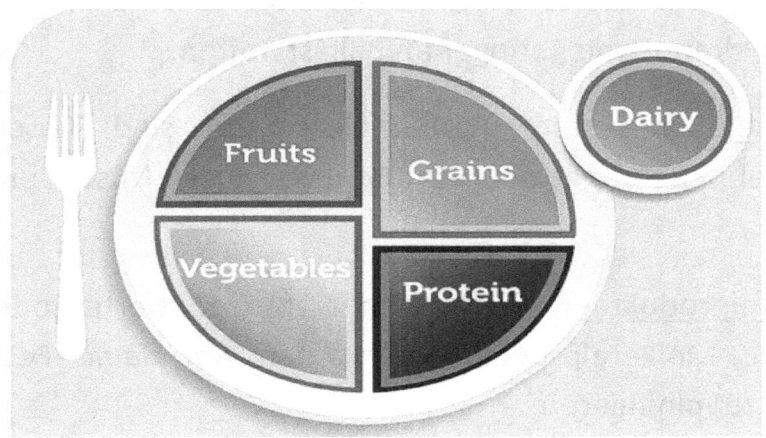

Dieser Teller dient als Richtlinie für gesundes Essen und wird dir helfen, das beste Essen für eine ausgeglichene Ernährung auszuwählen.

Gemüse: Iss eine Vielzahl an Gemüse um alle Nährstoffe zu erhalten, die dein Körper braucht. Fokussiere dich auf getrocknete Bohnen und Erbsen, dunkelgrüne und orangene Gemüsearten.

Getreide: Iss vor allem Vollkorn, da sie am wenigsten verarbeitet wurden und nährstoffreich sind. Verstärke dich auf braunen Reis, Vollkorn, Hafer, Gerste und Getreide.

Früchte: Iss eine Vielzahl an Früchten und stell sicher, dass du auch Fruchtsäfte nicht vergisst. Sie sind reicher an Kohlehydraten und geringer an Ballaststoffen.

Proteine: Die besten Protein-Lieferanten sind Fleisch, Geflügel, Fisch, getrocknete Bohnen, Eier, Nüsse und Samen.

Molkereiprodukte: Stell sicher fettreduzierte oder fettfreie Molkereiprodukte zu kaufen um deine Fett-Zufuhr zu minimieren.

Tipps für gesundes Essen

Überspring keine Mahlzeiten und iss ungefähr alle 4 Stunden.

Achte auf die Größe der Zutaten und die Kohlehydrat-Zufuhr. Wähle Essen aus, das einen niedrigen Gehalt an gesättigtem Fett, Cholesterol und Natrium hat.

Koche deine Mahlzeiten daheim und kontrolliere, was in deinen Körper gelangt.

Probiere die folgenden Rezepte aus und schaue, wie lecker gesunden Essen sein kann.

KALENDER

Woche 1

Tag 1:

Eier-Gemüse-Muffins

Snack: Apfel und Erdnussbutter

Hühnersuppe

Snack: 1 Tasse Popcorn

Gerösteter Blumenkohl

Tag 2:

Beeren-Mandel-Haferbrei

Snack: Vegetarischer Dip

Gegrillte Pute und Gemüse

Snack: Tomaten mit Hüttenkäse

Gurke-Cranberry-Salat

Tag 3:

Pfirsich-Smoothie

Snack: Studentenfutter

Hühnchen-Sticks und Tomaten

Snack: Schinken und Ananas

Quinoa Pilau

Tag 4:

Schnelle Omelette

Snack: Smoothie

Pochierter Lachs mit Spargel

Snack: Birne und Käse

Gegrillte Tomaten

Tag 5:

Heidelbeer-Pfannkuchen

Snack: Griechischer Joghurt mit Erdbeeren

Sämige Muschelsuppe

Snack: Karotten mit Ranch Dressing

Tofu Abendessen

Tag 6:

Früchte mit Joghurt

Snack: Roggen-Kartoffelchips

Mexikanischer Hühnchen-Salat

Snack: Gurke und Ranch Dressing

Gemüse-Lasagne

Tag 7:

Geräucherter Lachs-Wraps

Snack: Frisches Fruchtparfait

Kurz angebratenes Ingwer-Rind

Snack: Gegrillte Sojabohnen

Aubergine und Rucola-Salat

Woche 2

Tag 1:

Frittata

Snack: Tomaten mit Hüttenkäse

Hühnchen mit Basilikum und Tomaten

Snack: Vegetarischer Dip

Falafel-Burger

Tag 2:

Gemüse-Sandwiches

Snack: 1 Tasse Popcorn

Curry-Schwein

Snack: Apfel und Erdnussbutter

Kichererbsen-Suppe

Tag 3:

Frühstücks-Risotto mit Eiern

Snack: Birne und Käse

Lachs-Gemüse-Auflauf

Snack: Smoothie

Erbsen-Artischocken-Püree

Tag 4:

Tofu-Scramble

Snack: Studentenfutter

Rindfleisch-Salat

Snack: Schinken und Ananas

Avocado-Grapefruit-Salat

Tag 5:

Beeren-Mandel-Haferbrei

Snack: Roggen-Kartoffelchips

Knoblauch-Garnelen auf Spinat

Snack: Gurke und Ranch Dressing

Gegrillter Gemüse Salat

Tag 6:

Schnelle Omelette

Snack: Griechischer Joghurt mit Erdbeeren

Hühnersuppe

Karotten mit Ranch Dressing

Quinoa Pilau

Tag 7:

Heidelbeer-Pfannkuchen

Snack: Gegrillte Sojabohnen

Kurz angebratenes Ingwer-Rind

Snack: frisches Fruchtparfait

Gurke-Cranberry-Salat

Woche 3

Tag 1:

Pfirsich-Smoothie

Snack: Apfel und Erdnussbutter

Mexikanischer Hühnchen-Salat

Snack: Vegetarischer Dip

Falafel-Burger

Tag 2:

Eier-Gemüse-Muffins

Snack: 1 Tasse Popcorn

Pochierter Lachs mit Spargel

Snack: Tomaten mit Hüttenkäse

Gerösteter Blumenkohl

Tag 3:

Früchte mit Joghurt

Snack: Studentenmix

Knoblauch-Garnelen auf Spinat

Snack: Smoothie

Eier-Rucola-Salat

Tag 4:

Frittata

Snack: Schinken und Ananas

Curry-Schwein

Snack: Karotten mit Ranch Dressing

Erbsen-Artischocken-Purée

Tag 5:

Tofu-Scramble

Snack: Birne und Käse

Lachs-Gemüse-Auflauf

Snack: Smoothie

Gegrillte Tomaten

Tag 6:

Frühstücks-Risotto mit Eiern

Snack: Griechischer Joghurt mit Erdbeeren

Rindfleisch-Salat

Snack: Gurke und Ranch Dressing

Gemüse-Lasagne

Tag 7:

Gemüse-Sandwiches

Snack: Roggen-Kartoffelchips

Sämige Muschelsuppe

Snack: Gegrillte Sojabohnen

Avocado-Grapefruit-Salat

Woche 4

Tag 1:

Geräucherter Schinken-Wraps

Snack: frisches Fruchtparfait

Hühnchen mit Tomaten und Basilikum

Snack: Vegetarischer Dip

Gegrillter Gemüse-Salat

Tag 2:

Heidelbeer-Pfannkuchen

Snack: 1 Tasse Popcorn

Gegrillte Pute und Gemüse

Snack: Apfel und Erdnussbutter

Tofu-Dinner

Tag 3:

Beeren-Mandel-Haferbrei

Snack: Tomaten mit Hüttenkäse

Hühner-Sticks mit Tomaten

Snack: Schinken und Ananas

Kichererbsen-Suppe

Tag 4:

Schnelle Omelette

Snack: Studentenfutter

Kurz angebratenes Ingwer-Rind

Snack: Smoothie

Gurke-Cranberry- Salat

Tag 5:

Früchte mit Joghurt

Snack: Roggen-Kartoffelchips

Curry-Schwein

Snack: Karotten mit Ranch Dressing

Quinoa Pilau

Tag 6:

Eier-Gemüse-Muffins

Snack: Griechischer Joghurt mit Erdbeeren

Pochierter Lachs mit Spargel

Snack: Gegrillte Sojabohnen

Gerösteter Blumenkohl

Tag 7:

Tofu-Scramble

Snack: Frischer Fruchtparfait

Sämige Muschelsuppe

Snack: Vegetarischer Dip

Falafel-Burger

2 zusätzliche Tage in einem vollen Monat

Tag 1:

Gemüse-Sandwiches

Snack: Studentenfutter

Mexikanischer Hühnchen-Salat

Snack: Birne und Käse

Avocado-Grapefruit-Salat

Tag 2:

Frittata

Snack: Smoothie

Rindfleisch-Salat

Snack: 1 Tasse Popcorn

Geröstete Tomaten

35 REZEPTE FÜR DIABETIKER

FRÜHSTÜCK

1. Eier-Gemüse-Muffins

Koche Eier in einer Muffinform. Dann erhältst du ein originelles und gut portioniertes, nährstoff-reiches Frühstück. Die Weizengrütze fügt den Eiern zum Frühstück eine nette Konsistenz zu, während das Gemüse die Farben liefert und Nährstoffe auf den Tisch bringt.

Zutaten (4 Zutaten):

1/3 Tasse Weizengrütze

¼ Tasse Zucchini, gewürfelt

¼ Tasse Zwiebel, gewürfelt

1 kleine Tomate, gewürfelt

8 Eier, leicht geschlagen

½ Tasse fettreduzierten Feta-Käse, zerbröselt

1 Esslöffel Olivenöl

1 Teelöffel frischen Oregano

1 Teelöffel frischer Rosmarin

1/8 Teelöffel grob gemahlener, schwarzer Pfeffer

2/3 Tasse Wasser

Antihaft-Kochspray

Zubereitungszeit: 15 min

Kochzeit: 40-45 min

Zubereitung:

Heize den Backofen auf 180° Umluft/Gas 4 vor. Besprühe 12 Muffinformen mit dem Antihaft-Spray und stellt sie zur Seite. Heiz den Ofen auf 180°C Umluft/Gas 4 vor.

Vermenge die Weizengrütze und das Wasser in einer kleinen Pfanne und bring alles zum Kochen. Reduziere die Hitze und lass es zugedeckt köcheln bis die Weizengrütze weich ist. Schütte die Flüssigkeit ab.

Erhitze das Öl in einer großen Pfanne und koche die Zucchini und die Zwiebel bei mittlerer Hitze 5 bis 10 Minuten unter gelegentlichem Rühren. Nimm die Pfanne vom Herd, gib die Weizengrütze, die Tomate, den Käse dazu und rühre alles um. Löffel die Mischung in die Muffinformen.

Verrühre die Eier, den Oregano und den Pfeffer in einer großen Schüssel. Gieß alles über die Gemüse-Mischung in den Muffinformen.

Backe das ganze 15 bis 18 Minuten oder bis ein Messer, das du in die Mitte der Muffins stichst, sauber herausziehen kannst. Lass die Muffins in einer Pfanne 5 Minuten auskühlen, nimm sie dann vorsichtig heraus und serviere sie warm.

Nährwert pro Portion: 256 kcal, 15g Kohlenhydrate (3g Ballaststoffe, 2g Zucker), 15g Fette (5g gesättigt), 14g Proteine, 12% Eisen, 14% Vitamin A, 30% Vitamin B2, 11% Vitamin B6, 14% Vitamin B9, 22% Vitamin B12.

2. Pfirsich- Smoothie

Beginne deinen Tag mit einem leckeren, cremigen Smoothie, der einen netten Energieschub für dich bereithält und mit knochenfreundlichem Calcium beladen ist. Experimentiere auch mit Früchten um neue Sachen auszuprobieren.

Zutaten (1 Portion):

250g fettfreien Pfirsichjoghurt mit kalorienfreiem Zucker

½ Tasse fettfreie Milch

1 Tasse frische Pfirsiche, geschnitten

½ Tasse zerstoßenes Eis

Zubereitungszeit: 5 min

Keine Kochzeit

Zubereitung:

Vermenge die Früchte, Milch und Joghurt in einer Küchenmaschine. Füge das Eis hinzu, rühre alles um, bis alles geschmeidig ist und serviere es.

Nährwert pro Portion: 227kcal, 30g Kohlenhydrate (1g Ballaststoffe, 29g Zucker), 2g Fett (2g gesättigt), 17g Proteine, 70% Calcium, 14% Magnesium, 18% Vitamin A, 13% Vitamin C, 11% Vitamin B1, 42% Vitamin B2, 15% Vitamin B5, 31% Vitamin B12.

3. Gemüse-Sandwiches

Versuch ein erfrischendes Frühstück mit Zucchini und Sommerkürbis, das Würze in deine morgendliche Mahlzeit bringt. Diese wohl-gewürzten Gemüse, die mit gegrilltem Mozzarella garniert sind, und das Weizenbrot sind knusprig und lecker.

Zutaten (4 Portionen):

½ mittlere Zucchini, längs geschnitten

½ mittleren Sommerkürbis, längs geschnitten

1 kleine rote Zwiebel, geschnitten

1 mittlere Tomate, halbiert

4 mittelgroße Stücke Vollkornbrot

½ Tasse fettreduzierten Mozzarella, zerkleinert

etwas Salz

etwas gemahlenen, schwarzen Pfeffer

¼ Tasse Basilikumblätter

Antihaft-Kochspray

Zubereitungszeit: 10 min

Kochzeit: 15 min

Zubereitung:

Besprüh den Sommerkürbis, die Zucchini, die Tomate und die Zwiebel leicht mit Kochspray. Bestreu alles mit Salz und Pfeffer.

Heize einen elektrischen Grill vor. Grille die Zucchini, den Kürbis und die Zwiebel bis sie weich sind, drehe sie dann einmal um. Füge anschließend die Tomaten dazu und grille alles, bis sie gut durch sind und leicht angebrannt. Toaste die Brotstücke 1 Minute, drehe sie einmal um, garniere sie mit Käse und warte 1 Minute.

Schneide das Gemüse wie gewünscht, leg es dann auf die Brotstücke zusammen mit dem Gemüse und den Basilikumblätter und serviere alles.

Nährwert pro Portion: 201kcal, 28g Kohlenhydrate (4g Ballaststoffe, 8g Zucker), 5g Fett (2g gesättigt), 8g Proteine, 10% Calcium, 11% Eisen, 14% Magnesium, 23% Vitamin C, 12% Vitamin K, 13% Vitamin B1, 13% Vitamin B2, 12% Vitamin B3, 13% Vitamin B6, 14% Vitamin B9.

4.   Heidelbeer-Pfannkuchen

Hebe dein Energielevel mit einer Portion eines wohlschmeckenden Heidelbeer-Pfannkuchens an. Füge einen Löffel fettfreien Joghurt dazu und streue etwas Zimt darüber als Alternative zu einem kohlehydratreichen Sirup.

Zutaten (4 Portionen-8 Pfannkuchen:

½ Tasse Buchweizen-Mehl

½ Tasse Vollkorn-Mehl

1 Ei

½ Teelöffel Backpulver

¼ Teelöffel Backnatron

1¼ Tasse Buttermilch

¾ Tasse frische Heidelbeeren

¼ Teelöffel Vanille

flüssiges Stevia-Extrakt

¼ Teelöffel Salz

1 Esslöffel Kochöl

Zubereitungszeit: 10 min

Kochzeit: 20 min

Zubereitung:

Verrühre das Mehl, den Stevia-Extrakt (ab-schmecken), Backpulver, Backnatron und Salz in einer Schüssel. Mach ein Loch in die Mitte der Mischung und stell sie zur Seite.

Schlag das Ei leicht in einer kleinen Schüssel, dann rühre die Buttermilch Öl und Vanille hinein.

Gib die Buttermilch-Mischung zur Mehl-Mischung, rühre alles um, bis alles vermischt ist und leicht klumpig. Wirf anschließend die Heidelbeeren dazu.

Erhitze eine leicht eingeölte Pfanne bei mittlerer Hitze und gib ¼ Tasse Teig für jeden Pfannkuchen dazu. Breite den Teig zu einem Kreis aus, der einen Durchmesser von ungefähr 8 cm hat.

Koche alles bei mittlerer Hitze, bis die Pfannkuchen braun sind, wende sie um die andere Seite zu backen. Sobald die Pfannkuchen-Oberfläche Blasen schlägt und die Ecken trocken werden, nimm ihn heraus und serviere alles, während es heiß ist.

Nährwert pro Portion (2 Pfannkuchen): 198kcal, 30g Kohlenhydrate (4g Ballaststoffe, 6g Zucker), 6g Fett, 8g Proteine, 12% Calcium, 17% Magnesium, 16% Vitamin B2.

5. Geräucherte Lachs-Wraps

Beginne deinen Tag mit einem geräucherten Lachs und stell sicher, dass du einige gesundeOmega-3-Fettsäuren erhältst. Das Vollkorn ist eine gute Alternative zum „Frühstücks-Bagel", da es niedriger an Kohlenhydrate ist und füge einige Ballaststoffe zu der Mischung hinzu.

Zutaten (2 Portionen):

85g geräucherter Lachs, in Streifen geschnitten

¼ Tasse leichter Streichkäse

2*15 cm Vollkorn-Mehl-Tortillas

½ kleine Zucchini, in Streifen geschält

1 Teelöffel frischer Schnittlauch

½ Teelöffel Zitronenschale, frisch gerieben

1 Teelöffel Zitronensaft

Zubereitungszeit: 10 min

Keine Kochzeit

Zubereitung:

Verrühre den cremigen Käse, Zitronensaft, -schale und Schnittlauch in einer kleinen Schüssel, bis sie geschmeidig sind. Verteile die Mischung gleichmäßig auf 2 Tortillas und lasse dabei einen schmalen Rand an den Ecken.

Teile den Lachs zwischen den Tortillas auf. Stelle die Zucchini-Streifen auf den Lachs.

Rolle die Tortillas auf und serviere sie halbiert.

Nährwert pro Portion: 255kcal, 29g Kohlenhydrate (3g Ballaststoffe, 4g Zucker), 8g Fett (3g gesättigt), 14g Proteine, 10% Vitamin B3, 27% Vitamin B12.

6. Schnelles Omelette

Ein 5 Minuten Omelette mit Vitamin K Schub, diese Frühstücks-Mahlzeit ist reich an Proteinen und besitzt nur wenig Kohlehydrate. Es ist so voll gepackt, dass es dich bis zum Mittagessen sättigt. Serviere alles mit einigen Kirschtomaten für zusätzliches Vitamin C.

Zutaten (2 Portionen):

4 Eier

1 Tasse frische Babyspinat-Blätter

¼ Tasse fettreduzierter Cheddar-Käse, zerkleinert

1 Esslöffel glatte Petersilie

etwas Salz

etwas Cayenne-Pfeffer

Antihaft-Kochspray

Zubereitungszeit: 5 min

Kochzeit: 5 min

Zubereitung:

Besprüh die teflonbeschichtete Pfanne mit Kochspray und erhitze alles bei mittlerer Hitze.

Vermenge die Eier, den Schnittlauch, den Pfeffer und Salz in einer großen Schüssel und rühre alles um, bis es schaumig ist.

Gieß alles in die Pfanne und beginne, die Eier zart mit einem Pfannenwender aus Plastik zu rühren, bis die Mischung kleinen Teilen gekochtem Ei gleicht, das von flüssigem Ei umgeben ist. Hör auf zu rühren und koche alles 30 Sekunden bis 1 Minute, bis die Eier durch, aber glänzend sind.

Streue Käse darüber, garniere alles mit Spinat, falte die Omelette und serviere sie.

Nährwert pro Portion: 185kcal, 2g Kohlehydrate, 11g Fett (3g gesättigt), 17g Proteine, 13% Calcium, 12% Eisen, 38% Vitamin A, 90% Vitamin K, 31% Vitamin B2, 14% Vitamin B5, 20% Vitamin B12.

7. Beeren-Mandel-Haferbrei

Niedrig an Fett und reich an löslichen Ballaststoffen ist Haferbrei eine großartige Wahl für das Frühstück, da es hilft, den Appetit zu kontrollieren und den Blutzuckerspiegel zu senken. Füge einige Himbeeren hinzu für einen weicheren Geschmack und serviere alles mit einem leichten Glas Milch, um die halbe Dosis des täglichen Calciums zu erhalten.

Zutaten (1 Portion):

½ Tasse gekochter Haferbrei

6 Mandeln, gewürfelt

1 Tasse Himbeeren

1 Tasse leichte Milch

Zubereitungszeit: 5 min

Keine Kochzeit

Zubereitung:

Verrühre die Himbeeren und die Mandeln in einer Schüssel mit gekochtem Haferbrei. Serviere das Ganze mit einem Glas Milch.

Nährwert pro Portion: 256kcal, 44g Kohlenhydrate (10g Ballaststoffe, 17g Zucker), 5g Fett, 13g Proteine, 56% Calcium, 13% Eisen, 32% Magnesium, 24% Vitamin A, 58% Vitamin C, 20% Vitamin E, 12% Vitamin K, 15% Vitamin B1, 27% Vitamin B2, 11% Vitamin B9, 16% Vitamin B12.

8. Tofu-Scramble

Ersetze Käse mit einem Vegetarier freundlichem Tofu und genieße die zugefügten Proteine und die gesunden Fett, die drin enthalten sind. Würze diese vegetarische Gaumenfreude mit frischen Chili-Peperoni und beginne deinen Tag mit Vollgas.

Zutaten (1 Portion):

225g extrastarker, wasserverpackter Tofu

½ Tasse Flaschentomate, gewürfelt

1 Knoblauchzehe, fein geschnitten

¼ Tasse Zwiebel, gewürfelt

1 frisches Chili-Peperoni, entkernt und gewürfelt

1 Teelöffel Olivenöl

½ Teelöffel Chili-Pulver

1/8 Teelöffel Salz

1 Teelöffel Limettensaft

¼ Teelöffel gemahlener Kümmel

¼ Teelöffel getrockneter Oregano

Frische Koriander Zweige (optional)

Zubereitungszeit: 10 min

Kochzeit: 10 min

Zubereitung:

Trockne den Tofu, halbiere es und tupfe jede Hälfte mit einem Papiertuch ab, bis es gut getrocknet ist. Zerbrösel den Tofu in eine Schüssel und stell es zur Seite.

Erhitze das Olivenöl bei mittlerer Hitze in einer großen, teflonbeschichteten Pfanne. Füge den Pfeffer, die Zwiebel und den Knoblauch hinzu und koche alles 4 Minuten. Gib die Gewürze dazu und koche alles 30 Sekunden, dann füge das zerbröselte Tofu in die Mischung.

Reduziere die Hitze, koche alles 5 Minuten unter gelegentlichem Rühren. Serviere alles mit ´Limettensaft, Tomaten und frischem Koriander.

Nährwert pro Portion: 229kcal, 7g Kohlenhydrate (1g Ballaststoffe, 4 g Zucker), 13g Fett (1g gesättigt), 16g Proteine, 49% Calcium, 25% Eisen, 27% Magnesium, 12% Vitamin A, 21% Vitamin C, 18% Vitamin K, 11% Vitamin B1, 13% Vitamin B6, 13% Vitamin B9.

9. Früchte mit Joghurt

Bereite deinen eigenen frischen Früchtejoghurt mit frischen Zutaten und natürlichen Kohlehydratquellen zu. Die Ananas und das Vanille machen eine leckere Kombination aus, aber eine andere Frucht, die du magst, hat den gleichen Effekt.

Zutaten (2 Portionen):

1 Tasse fettfreien Naturjoghurt

200g Ananas, zerstoßen

1 Tasse frische Erdbeeren, halbiert

1 Teelöffel Vanille

Zubereitungszeit: 5 min

Keine Kochzeit

Zubereitung:

Verrühre den Joghurt, die zerstoßene Ananas und Vanille zusammen. Deck alles zu und lasse es eine Stunde ziehen (oder über Nacht).

Verteile die Hälfte des Joghurts auf 2 Schüsseln und füge die Erdbeeren hinzu. Garnier das Ganze mit dem restlichen Joghurt und serviere alles.

Nährwert pro Portion: 160kcal, 27g Kohlenhydrate (4g Ballaststoffe, 22g Zucker), 2g Fett (1g gesättigt), 8g Proteine, 24% Calcium, 10% Magnesium, 156% Vitamin C, 18% Vitamin B2, 10% Vitamin B5, 11% Vitamin B6, 18% Vitamin B9, 11% Vitamin B12.

10. Frühstücks-Risotto mit Eiern

Probiere mal etwas Neues und versuche das Risotto zum Frühstück. Bereite das Frühstück gesund zu, indem du den Reis durch Hafer ersetzt. Dieses Gericht erhält die schmackhaften Feinheiten von dem gedünsteten Gemüse und dem Brie.

Zutaten (4 Portionen):

4 Eier

½ Tasse Hafer

1½ Tasse Wasser

½ Tasse rote Peperoni, gewürfelt

½ Tasse frische Champignons, geschnitten

40g fettreduzierten Brie, Rinde entfernt

1 Tasse frischer Spinat, gewürfelt

1 Frühlingszwiebel, geschnitten

etwas Salz

1/8 Tasse frischer Basilikum, geschnitten

Gemahlener schwarzer Pfeffer

Antihaft-Kochspray

Zubereitungszeit: 5 min

Kochzeit: 15 min

Zubereitung:

Erhitze eine teflonbeschichtete Pfanne, nachdem sie leicht mit Kochspray besprüht wurde. Füge die Peperoni und die Pilze dazu und koche alles 5 Minuten. Rühre gelegentlich um. Gib die Frühlingszwiebel dazu und koche das Ganze 3 Minuten, entferne dann das Gemüse und stell es zur Seite.

Füge den Hafer in die Pfanne, die für das Gemüse verwendet wurde, rühre eine 1 ½ Tasse heißes Wasser dazu und koche alles, bis die Flüssigkeit absorbiert wurde. Wenn der Hafer weich ist, entferne die Mischung vom Herd, gib den Käse hinzu und rühre alles um bis es geschmolzen ist und di Mischung gut vermengt. Füge den Spinat und den Gemüse-Mix dazu.

Besprühe eine teflonbeschichtete Pfanne mit Kochspray und erhitze sie bei mittlerer Hitze. Schlag die Eier in diese Pfanne, stell sicher, dass sie getrennt bleiben. Reduziere die Hitze, koche die Eier, bis das Eiweiß komplett durch ist und der Eidotter verdickt ist. Wende die Eier und koche sie 30 Sekunden, wenn du sie leicht durch haben willst oder 1 Minute, wenn sie ganz gebraten werden sollen.

Löffel die Hafer-Mischung n 4 Schüsseln, garniere jede Portion mit dem gekochten Ei. Streue etwas Pfeffer und Basilikum darüber, serviere es anschließend.

Nährwert pro Portion: 197kcal, 15g Kohlenhydrate (2g Ballaststoffe, 1g Zucker), 8g Fett (2g gesättigt), 12g Proteine, 12% Eisen, 12% Magnesium, 10% Vitamin A, 30% Vitamin C, 57% Vitamin K, 14% Vitamin B1, 19% Vitamin B2, 11% Vitamin B5, 14% Vitamin B9, 11% Vitamin B12.

11. Frittata

Diese mit Gemüse vollgepackte Frittata wird mit Eiweiß gemacht und besitzt nur wenig Cholesterol und ist reich an Proteinen. Das macht ein nahrhaftes Frühstück aus. Wenn du willst, kannst du den Feta-Käse mit Ziegen- oder Parmesan-Käse ersetzen.

Zutaten (2 Portionen):

3 Eier

6 Eiweiß

2 Tassen kleine Broccoli Rosetten

1 Tasse Kirschtomaten, geviertelt

¼ Tasse Feta-Käse

2 Teelöffel Schalotten, fein gewürfelt

¼ Teelöffel Salz und gemahlener schwarzer Pfeffer

Antihaft-Kochspray

Zubereitungszeit: 10 min

Kochzeit: 15-20 min

Zubereitung:

Verquirle in einer mittelgroßen Schüssel das Eiweiß, die Eier, Salz und Pfeffer. Rühre dann den Käse ein und stell es zur Seite.

Erhitze das Öl bei mittlerer Hitze in einer teflonbeschichteten Pfanne und koche den Broccoli und die Schalotten 8 bis 10 Minuten. Rühre gelegentlich um. Gib die Eier-Mischung dazu und koche das Ganze bei mittlerer bis kleiner Flamme, bis sich die Mischung setzt. Verwende einen Pfannenwender, erhebe die Ecken so, dass die ungekochten Zutaten darunter gehen können. Wenn die Eier gekocht sind, arrangiere die Tomaten auf der Eier-Mischung.

Lass es 5 Minuten stehen, schneide 4 Ecken und serviere es.

Nährwert pro Portion: 270kcal, 10g Kohlenhydrate (3g Ballaststoffe, 4g Zucker), 12g Fett (5g gesättigt), 26g Proteine, 19% Calcium, 13% Eisen, 14% Magnesium, 32% Vitamin A, 151% Vitamin C, 123% Vitamin K, 11% Vitamin B1, 68% Vitamin B2, 20% Vitamin B5, 21% Vitamin B6, 28% Vitamin B9, 23% Vitamin B12.

MITTAGESSEN

12.   Gegrillte Pute und Gemüse

Diese Kräuter haltige Grill und Gemüse Kombination ist eine gute Idee für das Mittagessen und wird deine Geschmacksnerven erfreuen. Beladen mit Proteinen und Vitamin A ergibt das Gericht eine sättigende und nahrhafte Mahlzeit.

Zutaten (2 Portionen):

300g Putenbrust, Haut entfernt

200g kleine, rote Kartoffeln, geviertelt

1 Tasse Baby-Karotten, längs halbiert

1 Tasse rote Perlzwiebel, halbiert

2 Knoblauchzehen, fein geschnitten

1 Esslöffel frische Petersilie

½ Teelöffel frischer Rosmarin

½ Teelöffel frischer Thymian

1 Teelöffel Olivenöl

¼ Teelöffel Salz

¼ Teelöffel gemahlener, schwarzer Pfeffer

Antihaft-Kochspray

Zubereitungszeit: 10 min

Kochzeit: 2 h

Zubereitung:

Heize den Ofen auf 200°C Umluft/Gas 6 vor. Vermische den Rosmarin, die Petersilie, den Knoblauch, den Thymian, Salz und Pfeffer in einer kleinen Schüssel. Stelle 1 Teelöffel der Kräutermischung zur Seite.

Leg die Putenbrust auf einen Rostgestell in einer Bratenform. Besprüh sie leicht mit dem Kochspray, gib die restliche Kräutermischung gleichmäßig über die Pute und reibe sie mit deinen Fingern ein. Brate sie anschließend ohne Deckel für 20 Minuten.

Vermenge die Karotten, die Perlzwiebeln und Kartoffel in einer großen Schüssel und füge den zur Seite gestellten Teelöffel der Kräutermischung sowie Olivenöl dazu. Rühre alles, bis das Gemüse bedeckt ist. Arrangiere das Gemüse um die Pute in der Bratenform.

Reduziere die Ofentemperatur auf 180°C Umluft/Gas 4 und grill alles ungefähr 1½ Stunden oder bis die Säfte klar austreten und die Pute nicht mehr pink ist. Rühre das Gemüse einmal um.

Übertrag die Pute auf ein Schneidebrett, bedecke sie mit Folie und lass es 10 Minuten stehen. Schneide die Pute, verteile die Stücke und das Gemüse auf 2 Teller und serviere alles.

Nährwert pro Portion: 315kcal, 38g Kohlenhydrate (5g Ballaststoffe, 14g Zucker), 5g Fett, 29g Proteine, 21% Eisen, 17% Magnesium, 235% Vitamin A, 60% Vitamin C, 14% Vitamin K, 23% Vitamin B1, 34% Vitamin B2, 10% Vitamin B5, 33% Vitamin B6, 15% Vitamin B9.

13. Knoblauch-Garnelen auf Spinat

Paare frischen Spinat und Knoblauch-Garnelen um eine kalorienarme, kohlehydratarme, nahrhafte Mahlzeit zu erhalten. Das Bestreuen mit Parmesan-Käse ist eine großartige Art, um den Geschmack des Gerichts zu akzentuieren.

Zutaten (2 Portionen):

250g frische oder gefrorene, mittelgroße Garnelen mit Schale

4 Tassen frischen Spinat

2 Knoblauchzehen, fein geschnitten

½ Teelöffel Zitronenschale, fein gerieben

1 Esslöffel Olivenöl

1 Esslöffel Parmesan-Käse, zerkleinert

etwas grob gemahlener, schwarzer Pfeffer

Zubereitungszeit: 5 min

Kochzeit: 10 min

Zubereitung:

Taue die Garnelen auf, falls diese noch gefroren sind. Schäle und entdarme die Garnelen. Vermenge die Garnelen, den Knoblauch, die Zitronenschale, Öl und Pfeffer in einer kleinen Schüssel.

Platziere einen Dämpfeinsatz in einem Wok mit einem passgenauen Deckel. Füge Wasser dazu, um den Boden zu bedecken.

Lege die Garnelen in einer Lage in den Dämpfeinsatz, bedecke sie und lass sie 5 oder 6 Minuten bei mittlerer Hitze kochen. Nimm die Garnelen heraus und halte sie warm.

Füge den Spinat in den Dämpfeinsatz hinzu und koche ihn 2 Minuten oder bis er sich wellt.

Verteile den Spinat auf 2 Teller, lege die Garnelen auf die Spinat, bestreue das Ganze mit Parmesan und serviere alles.

Nährwert pro Portion: 220kcal, 3g Kohlenhydrate (2g Ballaststoffe), 9g Fett (1g gesättigt), 11g Proteine, 15% Calcium, 26% Eisen, 24% Magnesium, 116% Vitamin A, 32% Vitamin C, 22% Vitamin E, 367% Vitamin K, 13% Vitamin B3, 12% Vitamin B6, 31% Vitamin B9, 25% Vitamin B12.

14. Rindfleisch-Salat

Rindfleisch ist ein sättigendes und Proteine bepackte Mahlzeit und die Kombination mit Grün macht ein gesundes und farbenfrohes Mittagessen aus. Etwas Honig fügt dem bereits nahrhaften Salat Süße und Konsistenz hinzu.

Zutaten (4 Portionen):

340g Rindfleisch Rippensteak

6 Tasse gemischtes Salatgrün

2 kleine Tomaten, in Stücke geschnitten

½ Teelöffel Limettenschale, fein zerkleinert

1/3 Tasse Limettensaft

¼ Tasse Zwiebel, gewürfelt

1 Knoblauchzehe, fein geschnitten

2 Teelöffel Honig

2 Teelöffel Olivenöl

2 Teelöffel Früchtepektin-Pulver

6 Teelöffel Wasser

Zubereitungszeit: 10 min

Kochzeit: 30 min

Zubereitung:

Vermenge den Limettensaft, -schale, 3 Teelöffel Wasser und Olivenöl in ein Schraubglas, mach es zu und schüttele es ordentlich. Gieße die Hälfte der Limetten-Mischung in eine Schüssel, rühre die Zwiebel und den Knoblauch ein. Stell die verbleibende Saft-Mischung zur Seite.

Schneide schmale diagonale Schnitte im Abstand von 2 cm in das Rindfleisch, so dass sich ein Rautenmuster ergibt. Wiederhole das auf der anderen Seite. Lege das Rindfleisch in eine Plastiktüte und dann in ein flaches Gefäß. Gieße die Limettensaft-Mischung über das Rindfleisch, schließe die Plastiktüte und lege alles im Kühlschrank 24 Stunden ein, wende es gelegentlich.

Bereite das Dressing zu, indem du nach und nach Wasser in das Früchtepektin gibst. Füge die Limettensaft-Mischung und Honig dazu, decke alles zu und lass es 24 Stunden stehen.

Trockne das Rindfleisch, wird die Marinade weg, lege dann das Rindfleisch auf den unbeheizten Ständer eines

Grillblechs. Grille das Ganze 4 bis 6 cm von der Hitze entfernt so lange, wie du willst, drehe es einmal um.

Arrangiere die Tomaten und das Grüne auf 2 Teller, garniere das Ganze mit den geschnittenen Rindfleischstücken, gib Dressing darauf und serviere alles.

Nährwert pro Portion: 252kcal, 14g Kohlenhydrate (2g Ballaststoffe, 10g Zucker), 7g Fett (2g gesättigt), 18g Proteine, 14% Eisen, 31% Vitamin C, 20% Vitamin B3, 20% Vitamin B6, 25% Vitamin B12.

15. Hühnchen-Sticks und Tomaten

Dieses Louisiana inspirierte Rezept verleiht dem kohlehydratfreien Hühnchen Geschmack. Die Vollkorn-Nudeln sichern dir eine gesunde Portion an qualitätsvollen Kohlehydraten, während die scharfe Sauce ein ansonsten einfach schmeckendes Gericht aufwertet.

Zutaten (2 Portionen):

2 Hühnchen-Sticks, Knochen entfernt

½ Tasse gefrorene, geschnittene Okra

1 Tasse Vollkorn-Nudeln, gekocht

1*200g Dose geschmorte Tomaten (kein Salz)

½ Teelöffel getrockneter Thymian, gemahlen

1 Teelöffel scharfe Sauce

etwas Salz

etwas schwarzer Pfeffer

Antihaft-Kochspray

Zubereitungszeit: 5 min

Kochzeit: 40 min

Zubereitung:

Besprüh eine große teflonbeschichtete Pfanne mit Kochspray und stell sie bei mittlerer Hitze auf einen Herd. Koche das Hühnchen auf allen Seiten ungefähr 6 Minuten, bis es braun ist. Wende es gelegentlich. Füge die geschmorten Tomaten, Okra, Thymian und hinzu 2/3 der scharfen Sauce, Salz und Pfeffer hinzu und lass es aufkochen. Reduziere die Hitze, leg den Deckel darauf und lass es 30 Minuten köcheln.

Verteile das Hühnchen auf 2 Teller, rühre die verbleibende scharfe Sauce in eine Pfanne und löffele die Sauce darüber. Serviere das Ganze mit Nudeln.

Nährwert pro Portion: 245kcal, 26g Kohlenhydrate (5g Ballaststoffe, 5g Zucker), 6g Fett (2g gesättigt), 18g Proteine, 16% Eisen, 15% Magnesium, 21% Vitamin C, 23% Vitamin K, 14% Vitamin B1, 14% Vitamin B2, 27% Vitamin B3, 14% Vitamin B5, 16% Vitamin B6, 14% Vitamin B9.

16. Sämige Muschelsuppe

Bereite eine gesündere Version einer sämigen Muschelsuppe zu, indem du die Anzahl der Kartoffeln verringerst und etwas gewürfelten Blumenkohl dazu gibst. Du wirst trotzdem die Reichhaltigkeit dieses Gerichts genießen sowie einige zusätzliche Nährstoffe, ohne dass der Geschmack verloren geht.

Zutaten (2 Portionen):

1*280g Dose Baby-Muscheln

1 geschnittener Bacon von Pute, halbiert

1½ Tassen Fettfettfreie Milch

½ Tasse Karotten, grob zerkleinert

½ mittelgroße Zwiebel, gewürfelt

½ Stangensellerie, dünn geschnitten

1 mittelgroße Kartoffel, in 1 cm Stücke geschnitten

1 Tasse Blumenkohl-Rosetten, in 1 cm Stücke geschnitten

Etwas getrockneten Thymian, zerstoßen

Etwas grob gemahlenen, schwarzen Pfeffer

1 Esslöffel Universal-Blumen

Wasser

Antihaft-Kochspray

Zubereitungszeit: 10 min

Kochzeit: 25 min

Zubereitung:

Trockne die Muscheln, hebe die Flüssigkeit auf. Hacke die Hälfte der Muscheln und stelle sie zur Seite. Füge genug Wasser hinzu, zu der aufgehobenen Muschel-Flüssigkeit um ¾ Tassen zu erhalten und stell die Flüssigkeit zur Seite.

Besprühe eine Saucen-Pfanne mit Kochspray, erhitze sie dann bei mittlerer Hitze. Füge den Bacon, den Sellerie und die Zwiebel hinzu, koche alles 5 bis 8 Minuten und rühre gelegentlich um. Entferne den Bacon aus der Pfann, trockne ihn mit Papiertüchern und stell ihn zur Seite.

Rühre die Kartoffeln, den Blumenkohl, den Pfeffer, den Thymian und die zur Seite gestellte Muschel-Flüssigkeit in die Zwiebel-Mischung ein. Bring es zum Kochen und reduziere die Hitze, decke zu und lass es 10 bis 12 Minuten köcheln. Nimm die Pfanne vom Herd und lass es leicht abkühlen. Übertrage die Hälfte der Kartoffel-

Mischung in eine Küchenmaschine und rühre alles, bis es geschmeidig ist. Gib das Ganze zu der verbleibenden Kartoffel-Mischung in der Saucen-Pfanne.

Verrühre die Milch und das Mehl in einer mittelgroßen Schüssel, füge die Kartoffel-Mischung, hinzu, koche sie dann und rühre dann um, bis es aufkocht. Füge die gewürfelten und ganzen Muscheln und Karotten hinzu und lass es wieder aufkochen, reduziere die Hitze und koche alles 1 Minute.

Verteile die Muschelsuppe in 2 Schüsseln und serviere alles mit dem gewürfelten Bacon.

Nährwert pro Portion: 178kcal, 28g Kohlenhydrate (5g Ballaststoffe, 4g Zucker), 4g Fett (1g gesättigt), 6g Proteine, 14% Magnesium, 103% Vitamin A, 82% Vitamin C, 22% Vitamin K, 11% Vitamin B1, 12% Vitamin B3, 23% Vitamin B6, 16% Vitamin B9, 110% Vitamin B12.

17. Curry-Schwein

Sei kreativ und entdecke eine interessante Seite des Schweins, das seinen fruchtigen Geschmack dank des Ananassaftes und des Apfels bewahrt. Diese Proteine bepackte Mahlzeit hat den Vorteil in nur 15 Minuten fertig zu sein.

Zutaten (2 Portionen):

2*170g knochenloses Schwein, Lendenkoteletts

½ Tasse ungesüßter Ananassaft

2 Tassen Napa-Kohl, zerkleinert

½ mittelgroßer, grüner gekochter Apfel, in Stücke geschnitten

1 Esslöffel Frühlingszwiebel, geschnitten

1 Teelöffel Curry-Pulver

etwas Salz

etwas grob gemahlener schwarzer Pfeffer

Zubereitungszeit: 5 min

Kochzeit: 10 min

Zubereitung:

Schneide das Fett von den Koteletts und lege sie in einen Dampfdruckkopf. Vereine den Ananassaft, das Salz, den Pfeffer und das Curry-Pulver und gib es auf das Fleisch.

Lege den Deckel darauf. Bring den Dampfdrucktopf auf 7 kg Druck auf starke Hitze, reduziere anschließend die Hitze so, dass genug Hochdruck bestehen bleibt. Koche alles 3 Minuten, nimm den Topf dann vom Herd und lass den Druck auf natürliche Weise absinken. Hebe den Deckel vorsichtig an und benutze einen Schaumlöffel um die Koteletts auf eine Servierplatte zu übertragen. Decke sie zu, damit sie warm bleiben.

Bring die Flüssigkeit in den Dampfkochtopf zum Kochen, gib den Apfel dazu, reduziere die Hitze und lass es aufgekocht 3 Minuten köcheln. Rühre gelegentlich um. Gib den Kohl und die grüne Zwiebel hinzu, koche alles 1 bis 2 Minuten und verwende einen Schaumlöffel um die Gemüse-Mischung auf die Servierplatte mi Hühnchen zu überführen. Löffel die Flüssigkeit über die Koteletts und die Apfel-Mischung und serviere alles.

Nährwert pro Portion: 300kcal, 17g Kohlenhydrate (2g Ballaststoffe, 11g Zucker), 6g Fett (1g gesättigt), 39g Proteine, 13% Magnesium, 26% Vitamin A, 94% Vitamin C, 61% Vitamin B1, 22% Vitamin B2, 60% Vitamin B3, 12% Vitamin B5, 68% Vitamin B6, 14% Vitamin B12.

18. Lachs-Gemüse-Auflauf

Genieße ein kohlehydratarmes, proteinreiches Mittagessen mit wenig Anstrengung. Back einfach Lachs-Filets zwischen pikantem Gemüse und süßen Orangenscheiben und genieße ein sehr nahrhaftes Gericht.

Zutaten (2 Portionen):

200g frischen oder gefrorenen Lachs (ohne Haut)

1 Tasse Karotten, dünn geschnitten

1 Tasse Pilze, geschnitten

¼ Tasse Frühlingszwiebel, geschnitten

2 Knoblauchzehen, halbiert

1 mittelgroße Orange, geschnitten

1 Teelöffel Orangenschale, fein geschnitten

1 Esslöffel Olivenöl

1 Teelöffel frischer Oregano

etwas Salz

etwas schwarzer Pfeffer

Zubereitungszeit: 10 min

Kochzeit: 30 min

Zubereitung:

Tau den Lachs auf, wenn er gefroren ist, spüle ihn ab und trockne ihn mit Papiertüchern ab. Stell ihn zur Seite.

Bring etwas Wasser zum Kochen und koche die Karotten 2 Minuten, trockne sie und stell sie zur Seite.

Vermenge die Karotten die Pilze, die Zwiebel, die Orangenschale, den Oregano, den Knoblauch, Salz und Pfeffer in einer großen Schüssel und rühre zart um.

Verteile das Gemüse zwischen den 2 Folienstücken auf. Platzier es in der Mitte der Folie. Lege den Lachs auf das Gemüse, gib 1 Teelöffel Olivenöl auf jedes Stück Lachs und bestreue ihn zusätzlich mit Salz und Pfeffer. Garniere alles mit Orangenstücke, bringe dann 2 entgegengesetzte Enden der Folie zusammen und verschließe sie mit einem doppelten Knoten. Leg die Folien-Pakete in einer Lage in eine Bratenform.

Backe alles bei 180°C Umluft/Gas 4 ungefähr 30 Minuten. Öffne sie vorsichtig, damit der Wasserdampf austreten kann. Übertrage die Pakete auf 2 Teller und serviere alles.

Nährwert pro Portion: 190kcal, 15g Kohlenhydrate (4g Ballaststoffe, 10g Zucker), 3g Fett (1g gesättigt), 22g Proteine, 11% Magnesium, 221% Vitamin A, 69% Vitamin C, 43% Vitamin K, 20% Vitamin B1, 16% Vitamin B2, 46% Vitamin B3, 15% Vitamin B5, 19% Vitamin B6, 12% Vitamin B9, 50% Vitamin B12.

19. Mexikanischer Hühnchen-Salat

Genieße eine Vitamin- und proteinreiche Mahlzeit, die nur 15 Minuten Zubereitungszeit benötigt. Füge die Gewürze zu der erhitzten Hühnerbrust und kombiniere Orange und Avocado um einen erfrischenden Geschmack zu erhalten.

Zutaten (2 Portionen):

2*120g Stücke Hühnerbrust

2 Tassen Romanasalat, zerkleinert

½ Avocado, geschnitten

1 Orange, geschnitten

25g Monterey Jack Käse, zerkleinert

½ Teelöffel Chili-Pulver

¼ Teelöffel getrockneter Oregano

¼ Teelöffel getrockneter Thymian

1 Esslöffel Orangensaft

1 Teelöffel Olivenöl

1 Teelöffel Weinessig

½ Teelöffel Honig

etwas Salz

etwas grob gemahlener, schwarzer Pfeffer

Zubereitungszeit: 5 min

Kochzeit: 10 min

Zubereitung:

Leg die Hühnchen zwischen je 2 Stücke Frischhaltefolie. Klopfe das Hühnchen mit einem Fleischhammer, bis es 1 cm dick ist und entferne die Frischhaltefolie.

Heize den Herd vor. Vermenge den Oregano, den Thymian, das Chili-Pulver, Salz und schwarzen Pfeffer in einer kleinen Schüssel. Gib die Gewürz-Mischung über die Hühnchen-Stücke und reibe sie gleichmäßig ein

Stelle das Hühnchen auf eine unbeheizte Ablage einer Bratpfanne und koche es 5 bis 7 cm von der Mitte entfernt 6 bis 8 Minuten. Drehe das Hühnchen in der Mitte des Kochvorgangs um. Nimm das Hühnchen heraus und schneide es in Stücke.

Verrühre Orangensaft, Essig und Honig in einer mittelgroßen Schüssel. Füg den Salat dazu und rühre, bis alles bedeckt ist.

Verteile den Salat auf 2 Tellern, garniere das Ganze mit dem geschnittenen Hühnchen, der Avocado und Orangenscheiben, bestreu alles mit Käse und serviere es.

Nährwert pro Portion: 330kcal, 18g Kohlenhydrate (6g Ballaststoffe, 11g Zucker), 13g Fett (3g gesättigt), 32g Proteine, 10% Eisen, 15% Magnesium, 86% Vitamin A, 87% Vitamin C, 74% Vitamin K, 14% Vitamin B1, 13% Vitamin B2, 72% Vitamin B3, 19% Vitamin B5, 42% Vitamin B6, 32% Vitamin B9.

20. Kurz angebratenes Ingwer-Rind

Füge eine Ladung Farbe zu diesem proteinreichen, kurz angebratenes Rind eine herzhafte Portion Gemüse. Der braune Reis ist eine exzellente Option für eine gesunde Dosis qualitätsvoller Kohlehydrate.

Zutaten (2 Portionen):

200g knochenloses Rinder-Lendensteak

1 Tasse scharfer, gekochter brauner Reis

½ Tasse natriumarmer Hühner-Fond

1 Knoblauchzehe, fein geschnitten

1 mittelgroße, rote Paprika, in Streifen geschnitten

1 Tasse Broccoli-Rosetten

½ mittelgroße Zwiebel, geschnitten

1 Teelöffel Speisestärke

½ Teelöffel gemahlener Koriander

1 Teelöffel Sesamöl

Zubereitungszeit: 10 min

Kochzeit: 10 min

Zubereitung:

Schneide das Fleisch entlang der Faser in dünne, mundgerechte Streifen und stell es dann zur Seite.

Verrühre den Hühner-Fond, die Speisestärke, den Ingwer, den Koriander zusammen und stell alles zur Seite.

Erhitze etwas Sesamöl bei mittlerer Hitze in einem Wok, gib die Zwiebel dazu und koche alles 2 Minuten. Füge dann Broccoli und süßer Pfeffer dazu, koche alles und rühre für 1 bis 2 Minuten. Nimm dann das Gemüse aus dem Wok.

Gib anschließend die Rinderstreifen in den Wok koche sie 2 bis 3 Minuten, und platziere das Fleisch am Rande des Woks.

Füge die Sauce in die Mitte des Woks, koche sie bis sie dick wird und Blasen schlägt. Gib dann das Gemüse wieder in den Wok. Stell sich, dass alle Zutaten bedeckt mit Saucen sind. Koche und rühre alles 1 bis 2 Minuten um. Serviere das Ganze direkt zusammen mit braunem Reis.

Nährwert pro Portion: 368kcal, 31g Kohlenhydrate (4g Ballaststoffe, 3g Zucker), 16g Fett (5g gesättigt), 26g

Proteine, 14% Eisen, 20% Magnesium, 10% Vitamin A, 150% Vitamin C, 66% Vitamin K, 15% Vitamin B1, 12% Vitamin B2, 40% Vitamin B3, 12% Vitamin B5, 14% Vitamin B9, 18% Vitamin B12.

21. Hühnchen mit Basilikum und Tomaten

Stocke deinen Vitamin-Vorrat mit einer reichen Portion Spinat auf, was eine liebliche Abwechslung zu der Hühnerbrust mit Basilikum darstellt. Streu etwas Parmesan-Käse für einen zusätzlichen Geschmack.

Zutaten (2 Portionen):

200g Hühnerbrust-Filets

1*200g Dosentomaten, geschnitten und getrocknet

4 Tassen frischer Spinat

1 Esslöffel Parmesan-Käse, zerkleinert

1/8 Tasse frischer Basilikum

etwas Salz

etwas grob gemahlener, schwarzer Pfeffer

Antihaft-Kochspray

Zubereitungszeit: 10 min

Kochzeit: 8 min

Zubereitung:

Halbiere die Filets längs. Besprüh eine unbeheizte Pfanne mit Kochspray, koche und rühre das Hühnchen 5 Minuten. Bestreu es mit Salz und Pfeffer.

Füge Tomaten und Basilikum hinzu, heize gut, nimm sie dann von der Hitze herunter und gib Spinat dazu. Rühre um, bis er gewellt ist.

Verteile 2 Teller, bestreue sie mit Käse und serviere.

Nährwert pro Portion: 161kcal, 8g Kohlenhydrate (3g Ballaststoffe, 4g Zucker), 1g Fett, 22g Proteine, 13% Calcium, 21% Eisen, 22% Magnesium, 115% Vitamin A, 43% Vitamin C, 11% Vitamin E, 365% Vitamin K, 12% Vitamin B1, 13% Vitamin B2, 60% Vitamin B3, 34% Vitamin B6, 32% Vitamin B9.

22. Pochierter Lachs mit Spargel, mit Petersilie bestreut

Probiere etwas Lachs zu pochieren mit einer schnell kochenden Methode, die das Essen dazu befähigt, Geschmack ohne Fette zu absorbieren. Das butterhaltige Zitronen-Dressing ist eine großartige Wahl für einen belegten Fisch, während die Petersilie dem Gericht eine erfrischendere Note verleiht.

Zutaten (2 Portionen):

2*100g frische, knochenlose Lachs-Filets

220g Spargelspitzen, holzige Stiele entfernt

Orangensaft von 1 Orange

Zitronensaft von ½ Zitrone

1 Teelöffel geriebene Zitronenschale

1 Teelöffel geschmolzene Butter

1 Esslöffel frische Petersilie

etwas Salz

etwas Pfeffer

½ Tasse Wasser

Zubereitungszeit: 5 min

Kochzeit: 10 min

Zubereitung:

Wasche den Fisch ab und trockne ihn mit einem Papiertuch. Vereine den Zitronen- und den Orangensaft, miss 1/8 Tasse für das Dressing ab und stell ihn zur Seite.

Gieße den verbleibenden Saft in eine Pfanne, füge Wasser hinzu und bring es zum Kochen. Gib den Lachs dazu, reduziere die Hitze auf mittlere Stufe und lass alles mit Deckel 4 Minuten köcheln. Leg den Spargel auf den Lachs und lass ihn 4 bis 8 Minuten köcheln oder bis der Fisch beginnt, abzuplatzen, wenn man ihn mit einer Gabel berührt, und der Spargel knusprig ist.

Vermenge den restlichen Saft, die Petersilie, die Zitronenschale, Butter, Salz und Pfeffer in einer Schüssel.

Gieße die Dressing-Mischung über den Lachs und den Spargel und serviere alles.

Nährwert pro Portion: 182kcal, 9g Kohlenhydrate (2g Ballaststoffe, 5g Zucker), 5g Fett (2g gesättigt), 21g Proteine, 16% Eisen, 10% Magnesium, 19% Vitamin A, 52% Vitamin K, 23% Vitamin B1, 13% Vitamin B2, 41%

Vitamin B3, 11% Vitamin B5, 16% Vitamin B6, 17% Vitamin B9, 50% Vitamin B12.

23. Hühnersuppe

Verleihe dieser gesunden Hühnersuppe zusätzliche Struktur und Geschmack mit einer Portion Gerste. Proteinreich und gering an Kohlehydraten ist dieses Gericht die perfekte Wahl um deinen tägliche Kohlehydraten-Bedarf zu kontrollieren.

Zutaten (3 Portionen):

400g knochenlose Hühnchen-Brust, in mund-gerechte Stücke geschnitten

200g Kartoffeln, gewürfelt

½ Tasse Pilze, gewürfelt

½ Tasse Karotten, gewürfelt

¼ Tasse Zwiebel, gewürfelt

¼ Tasse gewürfelte, grüne Peperoni (süß)

2 Knoblauchzehen

1 Teelöffel frischer Basilikum

1 Teelöffel frische Petersilie

½ Teelöffel Geflügel-Gewürz

¼ Tasse schnell kochende Gerste

1 Esslöffel Olivenöl

1 Esslöffel Hühner-Bouillon (Würfel)

etwas grob gemahlener, schwarzer Pfeffer

etwas Salz

Zubereitungszeit: 10 min

Kochzeit: 25 min

Zubereitung:

Würze die Hühner-Stücke mit dem Geflügel-Gewürz und stell es zur Seite.

Erhitze die Hälfte des Olivenöls in einem Schmortopf, gib die Karotten, Pilze, Zwiebel, süßer Pfeffer, Knoblauch, schwarzer Pfeffer und Salz dazu. Koche alles 10 Minuten und rühre gelegentlich um. Nimm das Gemüse vom Herd und stell es zur Seite.

Gib das restliche Olivenöl in den Schmortopf, erhitze alles auf mittlerer Stufe und koche es 5 Minuten. Stell das Gemüse wieder auf den Herd, rühre die Hühner-Bouillon-Würfel mit Wasser ein und bring alles zum Kochen. Rühre die Kartoffeln und die Gerste hinein, koche alles auf und reduziere die Hitze. Leg den Deckel darauf und lass es köcheln, bis die Kartoffeln weich sind (ungefähr 15 Minuten). Gib die frische Petersilie und den Basilikum dazu, verteile das Ganze auf 4 Schüsseln und serviere es.

Nährwert pro Portion: 255kcal, 16g Kohlenhydrate (2g Ballaststoffe, 2g Zucker), 6g Fett, 32g Proteine, 15% Magnesium, 80% Vitamin A, 29% Vitamin C, 81% Vitamin B3, 22% Vitamin B5, 50% Vitamin B6.

ABENDESSEN

24. Gerösteter Blumenkohl

Einfach zu machen, mit wenigen Zutaten – dieses Rezept ist sowohl sättigend als auch arm an Kohlehydraten. Verleih dem Blumenkohl etwas Pfiff, indem du rote Zwiebeln und Koriander hinzufügst, um daraus ein Vitamin C beladenes Gericht zu machen.

Zutaten (2 Portionen):

1 mittelgroßer Blumenkohl (ungefähr 575g), in Rosetten geschnitten

2 mittelgroße rote Zwiebeln, in dicke Streifen geschnitten

1 Teelöffel gemahlener Koriander

2 Teelöffel Olivenöl

eine Hand voll frischer Koriander, zum garnieren

etwas Salz

etwas Pfeffer

Zubereitungszeit: 5 min

Kochzeit: 25 min

Zubereitung:

Heize den Ofen auf 200° Umluft/Gas 7 vor. Vermenge den Blumenkohl, die rote Zwiebel, den Koriander und das Olivenöl zusammen mit etwas Salz und Pfeffer in einer Bratenform. Grill alles 25 Minuten, rühre gelegentlich um, bis das Gemüse beginnt, braun zu werden.

Serviere das Ganze mit frischem Koriander.

Nährwert pro Portion: 235kcal, 25g Kohlenhydrate (9g Ballaststoffe, 12g Zucker), 14g Fett (2g gesättigt), 6g Proteine, 236% Vitamin C, 63% Vitamin K, 14% Vitamin B1, 12% Vitamin B2, 19% Vitamin B5, 38% Vitamin B6, 46% Vitamin B9.

25. Gemüse-Lasagne

Probiere eine wohlschmeckende Lasagne, die nur wenige Kalorien besitzt, indem du das Fleisch durch Gemüse ersetzt. Das ist die perfekte Wahl für das Abendessen. Du kannst sogar die Kalorien noch weiter verringern, indem du leichte Pasta-Sauce verwendest.

Zutaten (8 Portionen):

6 getrocknete Vollkorn-Lasagnenudeln

1 mittelgroße Tomate, gewürfelt

2 mittelgroße Zucchini, längs halbiert und geschnitten

2 Tassen frische Pilze, geschnitten

1 kleine Zwiebel, gewürfelt

1 Tasse leichten Ricotta-Käse

3 Teelöffel Parmesan-Käse, fein gerieben

1 Tasse mageren Mozzarella, zerkleinert

2 Tassen Pasta-Sauce

¼ Tasse frische Petersilie, geschnitten

¼ Teelöffel schwarzer Pfeffer

1 Esslöffel Olivenöl

Zubereitungszeit: 15 min

Kochzeit: 40 min

Zubereitung:

Koche die Nudeln nach Packungsanweisung, schütte das Nudelwasser ab und spüle sie mit kaltem Wasser ab.

Erhitze das Öl in einer teflonbeschichteten Pfanne, füge die Pilze, den Kürbis und die Zwiebel dazu. Koche alles bei mittlerer Hitze 5 Minuten lang. Nimm sie vom Herd und stell sie zur Seite. Vermenge den Parmesan- und den Ricotta-Käse, die Petersilie und den Pfeffer in einer kleinen Schüssel.

Bereite die Lasagne zu, indem du 3 Lasagne-Nudeln auf den Boden einer Auflaufform legst. Kürze sie wenn nötig, damit sie dorthin passen. Löffel die Hälfte der Käse-Mischung über die Nudeln, garnier das Ganze mit der Hälfte der Gemüse-Mischung, der Saucen-Mischung und der Hälfte des Mozzarellas. Leg die verbleibende Schicht Nudeln darauf, den restlichen Käse, die Gemüse-Mischung und die Sauce.

Erhitze den Ofen bei 190° Umluft/Gas 5. Backe alles 30 Minuten, nimm dann die Auflaufform aus dem Ofen, bestreu das Ganze mi Tomaten und dem verbleibenden Mozzarella und backe es wieder für weitere 5 Minuten.

Lass die Lasagne 10 Minuten stehen und serviere sie dann.

Nährwert pro Portion: 251kcal, 31g Kohlenhydrate (3g Ballaststoffe, 9g Zucker), 9g Fett (4g gesättigt), 14g Proteine, 23% Calcium, 15% Magnesium, 17% Vitamin A, 21% Vitamin C, 17% Vitamin K, 12% Vitamin B1, 15% Vitamin B2, 23% Vitamin B3, 16% Vitamin B6, 11% Vitamin B9.

26. Aubergine und Rucola-Salat

Werte eine Aubergine mit etwas Rucola und Rosinen auf, die einen sehr gesunden Salat ausmachen, der leicht im Magen liegt. Verleih ihm etwas Farbe, indem du etwas getrocknete Cranberrys zu der Mischung hinzufügst.

Zutaten (2 Portionen):

1 mittelgroße Aubergine, in schmale Einheiten geschnitten

25g Rucola

2 kleine Boxen Rosinen (ungefähr 14g pro box)

1 Esslöffel Balsamico-Essig

1 ½ Esslöffel Olivenöl

etwas Salz

etwas Pfeffer

Zubereitungszeit: 10 min

Kochzeit: 30 min

Zubereitung:

Heiz den Ofen auf 200° Umluft/Gas 6. Verrühre die Aubergine mit 2/3 des Olivenöls und den Gewürzen in einer Bratpfanne und grill alles 30 min.

Verrühr das nach dem Kochen mit dem Essig und dem verbleibenden Öl. Streue Rucola darüber und serviere es.

Nährwert pro Portion: 207kcal, 29g Kohlenhydrate (10g Ballaststoffe, 14g Zucker), 10g Fett (1g gesättigt), 4g Proteine, 11% Magnesium, 16% Vitamin C, 11% Vitamin E, 39% Vitamin K, 10% Vitamin B1, 10% Vitamin B3, 13% Vitamin B6, 13% Vitamin B9.

27. Geröstete Tomaten

Erhalte eine rundum gesunde Dosis an Nährstoffen mit diesem Vegetarier freundlichen Abendessen. Dieses kombiniert pikante Tomaten mit knusprigem Bort-Krumen und einem Kräuter und Knoblauch haltigem Dressing. Vergiss nicht den Parmesan-Käse für einen nussigen Geschmack.

Zutaten (2 Portionen):

4 mittlere, feste, noch nicht reife Tomaten, quer halbiert

2 Scheiben Vollkornbrot, zerbröselt

4 Knoblauchzehen, fein geschnitten

4 Teelöffel Parmesan-Käse, geraspelt

2 Teelöffel Balsamico-Essig

2 Teelöffel Olivenöl

1 Esslöffel getrockneter Basilikum, zerstoßen

1 Teelöffel getrockneter Oregano, zerstoßen

½ Teelöffel getrockneter Rosmarin, zerstoßen

¼ Teelöffel Salz

Antihaft-Kochspray

Zubereitungszeit: 10 min

Kochzeit: 1h 10 min

Zubereitung:

Besprüh einen unbeheizten Schongarer mit Kochspray. Lege die Tomaten mit der geschnittenen Seite nach oben in den Schongarer. Vereine des Essig, das Olivenöl, den Knoblauch, Oregano, Rosmarin, Basilikum und Salz in einer kleinen Schüssel und löffele dann alles gleichmäßig über die Tomaten

Leg den Deckel darauf und lass das ganze bei hoher Temperatur 1 Stunde kochen.

Heize eine mittlere, teflonbeschichtete Pfanne bei mittlerer Hitze, füge die Brot-Krumen hinzu und koche alles 2 bis 3 Minuten unter ständigem Rühren, bis sie leicht braun werden. Nimm die Pfanne vom Herd und rühre den Parmesan-Käse hinein.

Nimm die Tomaten aus dem Garer und lege eine Portion auf eine Servierplatte. Gieße die Kochflüssigkeit gleichmäßig über die Tomaten und bestreue sie mit der Brot-Krumen-Mischung. Lass es 10 Minuten stehen und serviere es dann.

Nährwert pro Portion: 335kcal, 34g Kohlenhydrate (5g Ballaststoffe, 8g Zucker), 18g Fett (4g gesättigt), 10g Proteine, 16% Calcium, 12% Eisen, 15% Magnesium, 40% Vitamin A, 52% Vitamin C, 18% Vitamin E, 39% Vitamin K, 15% Vitamin B1, 10% Vitamin B2, 16% Vitamin B3, 15% Vitamin B6, 17% Vitamin B9.

28. Falafel-Burger

Versuche eine geringe Menge an Kalorien mit diesem Burger, der auf Kichererbsen basiert und sowohl gesund als auch sättigend ist. Serviere als Beilage Tomaten-Salsa und grünen Salat und füge damit deiner Ernährung eine gesunde Dosis an Vitamin C zu.

Zutaten (2 Portionen):

200g Dose Kichererbsen, abgewaschen und abgetropft

1 Knoblauchzehe, gewürfelt

1 kleine, rote Zwiebel, gewürfelt

½ Teelöffel gemahlener Kümmel

½ Teelöffel gemahlener Koriander

¼ Teelöffel Chili-Pulver

1 Esslöffel Vollkorn-Mehl

eine Hand voll Petersilie

1 Esslöffel Olivenöl

etwas Salz

100g Tube Tomaten-Salsa

2 Tassen grüner Salat

1 kleines, Vollkorn-Pitabrot, in 2 Stücke geschnitten

Zubereitungszeit: 10 min

Kochzeit: 6 min

Zubereitung:

Trockne die Kichererbsen mit einem Küchenpapier ab. Leg sie zusammen mit dem Knoblauch, der Petersilie, den Gewürzen, dem Mehl und dem Salz in eine Küchenmaschine. Rühre alles, bis die Masse geschmeidig ist und forme 2 Burger daraus.

Erhitze das Öl in einer teflonbeschichteten Pfanne, lege die Burger hinein und brate sie schnell 3 Minuten auf jeder Seite an.

Serviere das Ganze mit Tomaten-Salsa, grünem Salat und den getoasteten Pitas.

Nährwert pro Portion: 274kcal, 42g Kohlenhydrate (7g Ballaststoffe, 4g Zucker), 1 g Fett, 8g Proteine, 12% Eisen, 12% Magnesium, 18% Vitamin A, 31% Vitamin C, 28% Vitamin B6, 20% Vitamin B9.

29. Gurke-Cranberry-Salat

Genieße ein einfaches Gericht mit Gemüse und fruchtigen Kirschtomaten, süßen, getrockneten Cranberrys du reifen Oliven, das deiner Mahlzeit Farbe, Geschmack und eine willkommene Dosis an Vitaminen zufügt. Mache deine eigene Gewürz-Mischung und lagere sie in einer luftdichten Aufbewahrungsbox bis zu 6 Monate.

Zutaten (2 Portionen):

3 Tassen gemischter, grüner Salat

1 Tasse frischen Spinat

1 Tasse Kirschtomaten, halbiert

1 medium Gurke, gewürfelt

2 Esslöffel Olivenöl

2 Teelöffel Zitronensaft

2 Teelöffel Wasser

1 ¼ Teelöffels hausgemachte Gewürz-Mischung

Hausgemachte Gewürz-Mischung:

½ Teelöffel gemahlener Kümmel

½ Teelöffel gemahlener Koriander

½ Teelöffel Paprika

¼ Teelöffel gemahlene Kurkuma

¼ Teelöffel Knoblauchpulver

1/8 Teelöffel Cayenne Pfeffer

Zubereitungszeit: 20 min

Keine Kochzeit

Zubereitung:

Vermenge den grünen Salat, den Spinat, die Tomaten, die Gurke, die Cranberrys und die Oliven in einer großen Schüssel.

Mische die Oliven, Wasser, Gewürze und den Zitronensaft in einem Schraubglas. Schüttele es gut.

Gieße das Dressing über die Gemüse-Mischung, mische alles gut, bis das ganze Gemüse bedeckt ist. Verteile anschließend den Salat auf 2 Schüsseln und serviere ihn.

Nährwert pro Portion: 212kcal, 19g Kohlenhydrate (3g Ballaststoffe, 10g Zucker), 16g Fett (2g gesättigt), 2g Proteine, 11% Eisen, 31% Vitamin A, 35% Vitamin C, 12% Vitamin E, 132% Vitamin K, 10% Vitamin B9.

30. Quinoa Pilau

Probiere ein kalorienarmes, vegetarisches Abendessen, das eine hohe Menge an Vitamin A liefert. Quinoa und Butternuss-Kürbis fügen dem Gericht noch gesunde Fette hinzu.

Zutaten (2 Portionen):

2 Tasse Butternuss-Kürbis, geschält und gewürfelt

1 Tasse gekochte Quinoa

3 Knoblauchzehen, fein geschnitten

1/8 Tasse Mandeln, geschnitten

1 Esslöffel Olivenöl

1/8 Teelöffel roten Pfeffer, gemahlen

1 Teelöffel frischer Salbei, geschnitten

¼ Teelöffel Salz

Zubereitungszeit: 10 min

Kochzeit: 30 min

Zubereitung:

Heize den Ofen auf 220° Umluft/Gas 7 vor. Vermenge den Butternuss-Kürbis, den Knoblauch und den roten Pfeffer sowie die Hälfte des Olivenöls in einer großen Schüssel. Rühre alles um, bis der Kürbis gleichmäßig bedeckt ist. Löffel das Ganze in eine Backpfanne und grille es 30 Minuten. Rühre einmal um und gib die Mandel während der letzten 5 Minuten dazu.

Vermenge die Quinoa, das restliche Olivenöl, Salbei und Salz in eine große Schüssel, gib die Menge zu dem Kürbis und den Mandeln. Verrühre alle Zutaten und serviere das Gericht.

Nährwert pro Portion: 287kcal, 43g Kohlenhydrate (3g Ballaststoffe, 4g Zucker), 12g Fett (1g gesättigt), 7g Proteine, 10% Calcium, 15% Eisen, 34% Magnesium, 457% Vitamin A, 52g Vitamin C, 29% Vitamin E, 17% Vitamin B1, 11% Vitamin B2, 13% Vitamin B3, 18% Vitamin B6, 20% Vitamin B9.

31. Avocado-Grapefruit-Salat

Avocado-Grapefruit-Salat ist ein kohlenhydrat-armes und Vitamingeladenes Gericht, das zitronigen Geschmack mit einer cremigen Konsistenz vereint. Lecker und reich an gesunden Fetten ist die Avocado eine gute Art um jedem Salat Geschmack zu verleihen.

Zutaten (2 Portionen):

4 Tassen frischer Baby-Spinat

1 Grapefruit, geteilt

½ Avocado, geschnitten

1 Esslöffel Olivenöl

1 Esslöffel Himbeer-Essig

1 Teelöffel Wasser

½ Teelöffel brauner Zucker

etwas Salz

Zubereitungszeit: 5 min

Keine Kochzeit

Zubereitung:

Arrangiere den Spinat, die Grapefruit und die Avocado-Stücke auf einer Servierplatte.

Rühre den Himbeer-Essig, das Olivenöl, Wasser, Zucker und Salz in einer kleinen Schüssel zusammen.

Gib das Dressing über die Spinat-Mischung und serviere.

Nährwert pro Portion: 209kcal, 19g Kohlenhydrate (5g Ballaststoffe, 8g Zucker), 14g Fett (2g gesättigt), 4g Proteine, 12% Eisen, 18% Magnesium, 141% Vitamin A, 102% Vitamin C, 111% Vitamin E, 380% Vitamin K, 10% Vitamin A, 11% Vitamin B2, 10% Vitamin B5, 15% Vitamin B6, 44% Vitamin B9.

32. Kichererbsen-Suppe

Füge einen kleinen Zweig frischer Petersilie zu dieser einfachen Suppe, die marokkanischen Geschmack und gemüsebasierte, gesunde Kohlenhydrate vereinigt. Diese kalorienarme Suppe ist eine gute Wahl für ein Abendessen um den Tag abzuschließen.

Zutaten (2 Portionen):

200g Dose Kichererbsen, gewaschen und abgetrocknet

200g Dose Tomaten, gewürfelt

1 Knoblauchzehe, fein geschnitten

½ mittlere Zwiebel, gewürfelt

1 mittlere Selleriestange, gewürfelt

50g gefrorene, breite Bohnen

300ml heiße Gemüsebrühe

1 Teelöffel gemahlener Kümmel

Saft und Schale von ¼ Zitrone

etwas grob gemahlener, schwarzer Pfeffer

etwas Salz

Zubereitungszeit: 20 min

Kochzeit: 25 min

Zubereitung:

Erhitze das Öl in einer Saucen-Pfanne, brate anschließend den Sellerie, die Zwiebel und den Knoblauch 10 Minuten, rühre gelegentlich um. Gib den Kümmel dazu und brate noch einmal einige Minuten.

Erhöhe die Hitze, gib die Brühe, die Tomaten, die Kichererbsen und den schwarzen Pfeffer dazu und lass alles 8 Minuten köcheln. Wirf die breiten Bohnen und den Zitronensaft dazu und brate das Ganze weitere 2 Minuten. Würze alles mit Salz und garniere es mit der Zitronenschale. Serviere alles.

Nährwert pro Portion: 181kcal, 36g Kohlenhydrate (6g Ballaststoffe, 5g Zucker), 1g Fett, 8g Proteine, 16% Eisen, 13% Magnesium, 25% Vitamin C, 10% Vitamin K, 28% Vitamin B6, 27% Vitamin B9.

33. Gegrillter Gemüse-Salat

Probiere eine ballaststoff- und Vitaminreiche, leichte Suppe, die verschiedene Gemüsearten kombiniert und den perfekten Gebrauch von deinem Grill macht. Serviere den Salat mit Mozzarella, um einen würzigeren Geschmack zu erhalten.

Zutaten (2 Portionen):

1 Aubergine, in 1c dicke Scheiben geschnitten

2 Zwiebeln, ½ cm geschnitten, aber als ganze Ringe

6 sonnengetrocknete Tomaten in Öl, entwässert und in Streifen geschnitten

6 schwarze Oliven

2 rote Paprika

1 Knoblauchzehe, zerstoßen

1 roter Chili, fein gewürfelt

2 Teelöffel Olivenöl

1 Esslöffel Weinessig

eine Hand voll Basilikum, grob zerrissen

Zubereitungszeit: 20 min

Kochzeit: 1 h

Zubereitung:

Lass die Peperoni auf einem heißen Grill schwarz werden und leg sie in eine Schüssel, decke sie zu und lass sie abkühlen.

Vermische das Öl, den Essig, den Knoblauch und das Chili in einer Schüssel. Grill die Aubergine und die Zwiebel schubweise auf einem heißen Backblech, bis sie Grillmarken auf beiden Seiten haben und beginnen, weich zu werden. Wenn das Gemüse fertig ist, gib es in das Dressing um es zu marinieren. Verteile die Zwiebelringe darüber.

Wenn die Peperoni kalt genug sind um sie anzufassen, schäle sie, entferne den Schaft und die Kerne. Schneide sie in Streifen und gib sie in die Schüssel, in der sich auch der Rest des Gemüses befindet, das mariniert wird. Vermenge die Tomaten, die Oliven und den Basilikum, würze nach Geschmack und serviere alles.

Nährwert pro Portion: 285kcal, 33g Kohlenhydrate (12g Ballaststoffe, 15g Zucker), 14g Fett (2g gesättigt), 4g Proteine, 18% Magnesium, 79% Vitamin A, 290% Vitamin

C, 22% Vitamin E, 28% Vitamin K, 13% Vitamin B1, 16% Vitamin B2, 17% Vitamin B3, 11% Vitamin B5, 33% Vitamin B6, 31% Vitamin B9.

34. Tofu-Dinner

Ein Veganer freundliches Essen mit einer ordentlichen Menge an Mineralien und Proteinen. Das Tofu-Dinner besticht mit seinem süßen und gelichzeitig scharfen Geschmack. Serviere das Ganze mit einer Beilage aus gedünstetem Blumenkohl, um der Mischung noch mehr Vitamine zu verleihen.

Zutaten (4 Portionen):

800g Tofu

½ Tasse Sojasauce

2 Teelöffel Sesamöl

1 Esslöffel Olivenöl

1 Esslöffel Chili-Flakes

4 Knoblauchzehen, fein geschnitten

1 Esslöffel Ingwer, frisch gerieben

Salz, nach Geschmack

Zubereitungszeit: 5 min

Kochzeit: 15 min

Zubereitung:

Mische die Sojasauce, das Sesamöl, den Ingwer und erhitze dann alles. Brate den Tofu ungefähr 10 Minuten.

Gib Olivenöl in eine Saucen-Pfanne und koche es für 3 bis 5 Minuten. Serviere das Ganze, wenn die Sauce dick wird und der Tofu durch ist,

Nährwert pro Portion: 185kcal, 4g Kohlenhydrate (2g Ballaststoffe, 2g Zucker), 15g Fett (3g gesättigt), 18g Proteine, 34% Calcium, 19% Eisen, 19% Magnesium, 11% Vitamin B2, 11% Vitamin B6.

35. Erbsen-Artischocken-Purée

Versuche eine erfrischende Mahlzeit, die nur 15 Minuten dauert und wenige Kalorien und Kohlenhydrate besitzt. Serviere als Beilage Chili, das ergibt eine wundervolle Alternative zu der Sommer-Ernährung und es verleiht deinem Gericht einen Spritzer grün.

Zutaten (2 Portionen):

100g Artischocken-Herzen, aus dem Glas

140g gefrorene, kleine Erbsen

1 Esslöffel gemahlener Kümmel

2 Esslöffel Zitronensaft

2 Teelöffel Olivenöl

eine kleine Hand voll Minzblätter

etwas Salz

etwas Pfeffer

Zubereitungszeit: 10 min

Kochzeit: 5 min

Zubereitung:

Gib die Erbsen in eine Schüssel und bedecke sie mit kochendem Wasser. Lass sie 5 Minuten stehen, schütte dann das Wasser ab und gib sie in eine Küchenmaschine mit den restlichen Zutaten und den Gewürzen. Mixe sie, bis ein grobes Purée entsteht. Löffel anschließend alles in eine Schüssel und bedecke sie mit einer Frischhaltefolie. Serviere alles, wenn es abgekühlt ist.

Nährwert pro Portion: 198kcal, 15g Kohlenhydrate (7g Ballaststoffe, 3g Zucker), 14g Fett (2g gesättigt), 4g Proteine, 12% Magnesium, 30% Vitamin A, 22% Vitamin C, 34% Vitamin K, 15% Vitamin B1, 18% Vitamin B9.

SNACKS

1. Apfel und Erdnussbutter

Schneide 1 kleinen Apfel und streiche 1 Esslöffel cremige Erdnussbutter in Stücke.

Nährwert: 189kcal, 4g Proteine, 28g Kohlenhydrate (5g Ballaststoffe, 20g Zucker), 8g Fett (1g gesättigt), 14% Vitamin C, 14% Vitamin B3.

2. Griechischer Joghurt mit Erdbeeren

Vermische 150g griechischer Joghurt mit 5 mittelgroßen, halbierten Erdbeeren.

Nährwert: 150kcal, 11g Proteine, 10g Kohlenhydrate (10g Zucker), 8g Fett (5g gesättigt), 10% Calcium, 60% Vitamin C.

3. Tasse Popcorn

Nährwert: 31kcal, 1g Proteine, 6g Kohlenhydrate (1g Ballaststoffe).

4. Smoothie

Vermische ½ Tasse Heidelbeeren, 1 Tasse Spinatblätter, ½ Tasse fettfreien griechischer Joghurt und ½ Tasse Ananas-Kokosnuss-Wasser in einer Küchenmaschine.

Nährwert: 168kcal, 24g Kohlenhydrate (3g Ballaststoffe, 8g Zucker), 17g Proteine, 23% Calcium, 57% Vitamin A, 73% Vitamin C, 199% Vitamin K, 16% Vitamin 9.

5. Studentenfutter

Vermenge ½ Tasse Vollkorn-Müsli, 2 Teelöffel Rosinen und 12 Mandeln.

Nährwert pro Portion: 222kcal, 35g Kohlenhydrate (4g Ballaststoffe, 15g Zucker), 9g Fett, 2g Proteine, 10% Magnesium, 18% Vitamin E.

6. Gurke und Ranch Dressing

Schneide 1 Tasse Gurke und garniere das mit 1 Esslöffel Ranch Dressing.

Nährwert: 89kcal, 5g Kohlenhydrate (2g Zucker), 8g Fett (1g gesättigt), 45% Vitamin K.

7. Schinken und Ananas

Schneide 30g eines dünn geschnittenen Puten-Schinkens in lange und falte die Stücke wie ein Akkordeon. Spieß die gefalteten Schinkenstücke mit einem Stück Ananas auf. (3/4 Tasse).

Nährwert: 100kcal, 15g Kohlenhydrate (2g Ballaststoffe, 13g Zucker), 2g Fett, 5g Proteine, 95% Vitamin C.

8. Frisches Fruchtparfait

Gib ¼ Tasse Müsli auf ¼ Tasse Heidelbeeren, ¼ Tasse Himbeere und ¼ Tasse Fettfettfreien Hüttenkäse.

Nährwert: 204kcal, 29g Kohlenhydrate (2g Ballaststoffe, 12g Zucker), 3g Fett, 9g Proteine, 44% Vitamin C, 10% Vitamin K.

9. Roggen-Kartoffelchips

Bestreiche 2 Roggen-Kartoffelchips mit 2 Esslöffel leichtem Streichkäse und garniere sie mit ¼ Tasse geschnittener Gurke.

Nährwert: 138kcal, 35g Kohlenhydrate (6g Ballaststoffe, 2g Zucker), 8g Fett (2g gesättigt), 4g Proteine.

10. Vegetarischer Dip

Tauche frisch geschnittenes Gemüse (1 Tasse von grünen Peperoni/Broccoli/Sellerie/Blumenkohl) in
1/3 Tasse Humus.

Nährwert: 141kcal, 12g Kohlenhydrate (5g Ballaststoffe), 8g Fett (1g gesättigt), 6g Proteine, 11% Vitamin A, 15% Magnesium, 53% Vitamin A, 11% Vitamin C, 78% Vitamin K, 10% Vitamin B10, 17% Vitamin B9.

11. Karotten mit Ranch Dressing

Tauche 10 Baby-Karotten in 2 Teelöffel Ranch Dressing.

Nährwert: 181kcal, 10g Kohlenhydrate (3g Ballaststoffe, 6 g Zucker), 16g Fett (2g gesättigt), 1g Proteine, 276% Vitamin A, 58% Vitamin K.

12. Birne und Käse

Schneide eine kleine Birne auf und serviere sie mit einem leichten Käse-Stick.

Nährwert: 146kcal, 26g Kohlenhydrate (5g Ballaststoffe, 15g Zucker), 3g Fett (2g gesättigt), 7g Proteine, 10% Vitamin C.

13. Geröstete Sojabohnen

Nährwert für 20g: 155kcal, 11g Kohlenhydrate (2g Ballaststoffe), 7g Fett (1g gesättigt), 11g Proteine.

14. Kirschtomaten mit Hüttenkäse

Halbiere 5 Kirschtomaten und bestreiche sie mit 2 Teelöffel Hüttenkäse, der mit frischem Dill und etwas Salz verfeinert wurde.

Nährwert: 58kcal, 4g Proteine, 10g Kohlehydrate, 30% Vitamin A, 40% Vitamin C, 20% Vitamin K, 10% Vitamin B1, 10% Vitamin B6, 10% Vitamin B9.

ANDERE GROßARTIGE WERKE DES AUTORS

Fortgeschrittenes Training zur mentalen Stärke für Gewichtheber:

Verwende Visualisierungen um dein wahres Potential auszuschöpfen

Von

Joseph Correa

Zertifizierter Meditationslehrer

Steigere deine mentale Stärke im Bodybuilding durch Meditation:

Erreiche dein Potential durch Gedankenkontrolle

Von

Joseph Correa

Zertifizierter Meditationslehrer

www.ingramcontent.com/pod-product-compliance
Lightning Source LLC
Chambersburg PA
CBHW070151080526
44586CB00015B/1942